I0796317

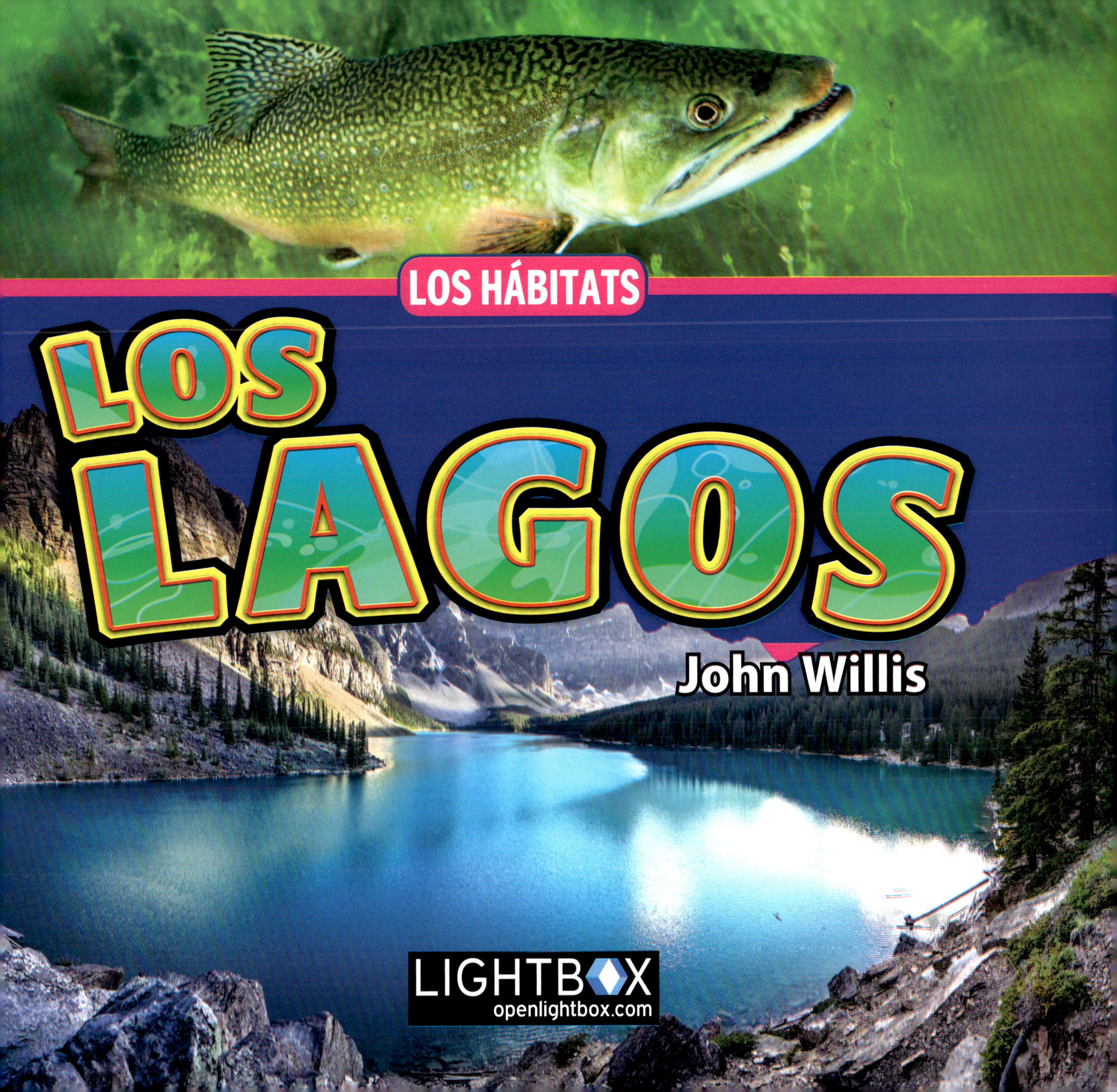
LOS HÁBITATS
LOS
LAGOS
John Willis
LIGHTBOX
openlightbox.com

LIGHTBOX

Entre a **www.openlightbox.com** e ingrese el código único de este libro.

CÓDIGO DE ACCESO

LBR84658

Lightbox es una completa solución digital para enseñar y aprender temas curriculares de una manera original e innovadora. Lightbox se basa en las Normas Curriculares Nacionales.

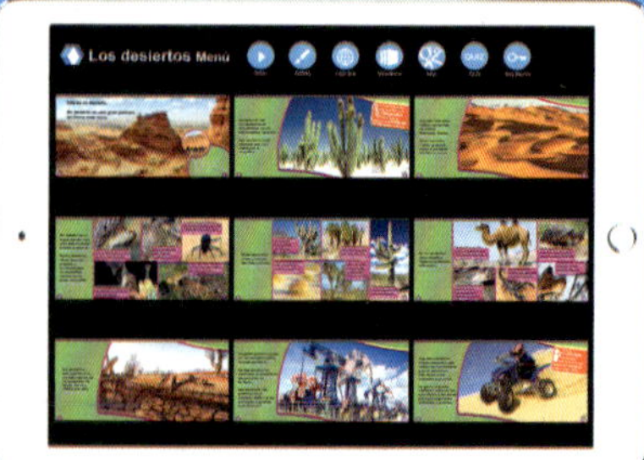

OPTIMIZADO PARA

- ✓ TABLETAS
- ✓ PIZARRAS ELECTRÓNICAS
- ✓ COMPUTADORAS
- ✓ ¡Y MUCHO MÁS!

CARACTERÍSTICAS ESTÁNDAR DE LIGHTBOX

AUDIO Narraciones de alta calidad con sistema de texto a voz

VIDEOS Videoclips de alta definición incorporados

ACTIVIDADES PDFs imprimibles que pueden enviarse por correo electrónico y calificarse

ENLACES WEB Enlaces cuidadosamente seleccionados con recursos seguros para niños

PRESENTACIÓN EN DIAPOSITIVAS Ilustraciones gráficas de los conceptos clave

MAPAS INTERACTIVOS Mapas interactivos e imágenes satelitales aéreas

CUESTIONARIOS Diez preguntas de elección multiple con puntaje automático que se envían por correo electrónico al docente para su evaluación

PALABRAS CLAVE Combinación de los conceptos clave con sus definiciones

VIDEOS

ENLACES WEB

PRESENTACIÓN EN DIAPOSITIVAS

CUESTIONARIOS

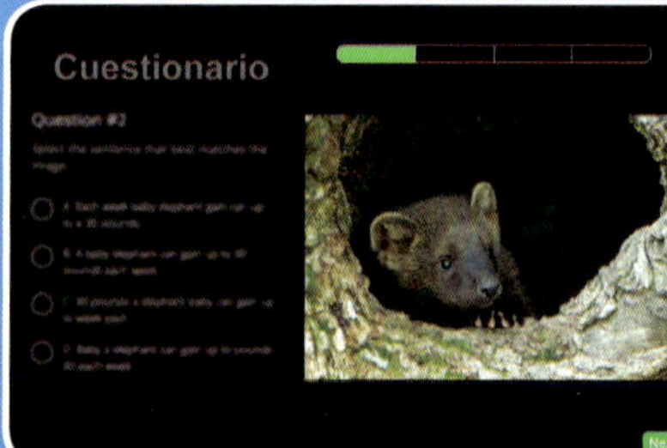

LOS LAGOS

Contenidos

Este es un lago.

Un lago es un cuerpo
de agua calma o quieta
que está rodeado por tierra.

El lago Superior es el más grande de los Estados Unidos.

En muchas partes del mundo puede haber lagos. Se suelen formar donde la tierra tiene forma de cuenco.

Todos los lagos tienen agua. La mayoría se alimentan del agua de las lluvias o de los ríos.

La mayoría de los lagos son de agua dulce. Las personas y los animales pueden beber de esa agua.

Otros lagos son de agua salada. Las personas y los animales no pueden beber de estos lagos.

El **Gran Lago Salado** de Utah es el lago de agua salada **más grande** de América del Norte.

Un hábitat es un lugar donde vive una determinada planta o animal.

En los lagos viven muchas plantas y animales que se necesitan mutuamente para sobrevivir.

Los hipopótamos tienen pájaros que limpian su piel y sus dientes.

Las ranas toro se comen a cualquier animal que les quepa en la boca.

Los colimbos hacen sus nidos en plantas al borde de los lagos.

Las libélulas jóvenes comen peces pequeños y otros insectos.

Las lampreas se alimentan bebiendo la sangre de otros peces.

En los lagos viven y crecen muchas plantas.

El viento puede hacer volar las semillas de totora hacia nuevos lugares donde crecer.

Los nenúfares gigantes atrapan el aire bajo el agua para poder flotar.

Las plantas punta de flecha sirven de alimento para las aves e insectos.

Las utricularias usan unos pequeños sacos para atrapar y comer insectos bajo el agua.

Las plantas acuáticas que aquietan las aguas son un buen hogar para las larvas de mosquitos.

En los lagos viven muchos animales diferentes.

Los basiliscos corren sobre la superficie del agua para huir del peligro.

El lucio se esconde entre las plantas acuáticas para atrapar su comida.

Las plumas impermeables del pato lo ayudan a flotar en la superficie.

La araña de agua lleva burbujas debajo del agua para poder respirar.

El ornitorrinco tiene unos pliegues en la piel que le tapan las orejas y la nariz cuando está bajo el agua.

Los lagos cambian con el tiempo. Se pueden llenar de tierra y rocas convirtiéndose en lagos secos.

Los aludes y los volcanes pueden formar nuevos lagos. La gente también puede crear lagos construyendo presas.

ARIZONA
TIME

Los lagos se usan de muchas maneras. Los agricultores toman el agua de los lagos para regar sus cultivos.

Muchos pueblos y ciudades obtienen agua potable de los lagos.

Casi toda el agua dulce de los Estados Unidos proviene de los **cinco Grandes Lagos**.

Los barcos pueden llevar plantas de un lago a otro. Estas plantas pueden dañar a los animales y plantas que viven en estos lagos.

Se puede proteger a los lagos de estas plantas peligrosas limpiando los barcos después de usarlos.

PU 5795

Cuestionario sobre los lagos

Veamos qué has aprendido sobre los lagos.

Encuentra estos animales y plantas del lago en el libro. ¿Cómo se llaman?

Published by Smartbook Media Inc.
350 5th Avenue, 59th Floor New York, NY 10118
Website: www.openlightbox.com

Library of Congress Control Number: 2017961911

ISBN 978-1-5105-3356-1 (hardcover)
ISBN 978-1-5105-3357-8 (multi-user eBook)

Printed in the United States of America in Brainerd, Minnesota
1 2 3 4 5 6 7 8 9 0 22 21 20 19 18

012018
011518

Spanish Project coordinator: Sara Cucini
Spanish Editor: Translation Services USA
English Project coordinator: John Willis
Designer: Ana María Vidal

Every reasonable effort has been made to trace ownership and to obtain permission to reprint copyright material. The publisher would be pleased to have any errors or omissions brought to its attention so that they may be corrected in subsequent printings.

The publisher acknowledges Alamy, iStock, and Getty Images as the primary image suppliers for this title.